UN MOT D'INTRODUCTION

A L'ÉTUDE PRATIQUE

DU

DROIT CIVIL FRANÇAIS

AU POINT DE VUE DE L'ÉTAT

ET DE LA CAPACITÉ DES PERSONNES

AINSI QUE DE LA

MUTATION DE PROPRIÉTÉ DES BIENS

> Toutes les obligations que contractent
> les personnes ont pour but ou pour fin
> dernière une mutation de bien.

PARIS

IMPRIMERIE DE LA SOCIÉTÉ DE PUBLICATIONS PÉRIODIQUES
13, QUAI VOLTAIRE, 13
—
1881

UN MOT D'INTRODUCTION

A L'ÉTUDE PRATIQUE

DU

DROIT CIVIL FRANÇAIS

AU POINT DE VUE DE L'ÉTAT

ET DE LA CAPACITÉ DES PERSONNES

AINSI QUE DE LA

MUTATION DE PROPRIÉTÉ DES BIENS

UN MOT D'INTRODUCTION

A L'ÉTUDE PRATIQUE

DU

DROIT CIVIL FRANÇAIS

AU POINT DE VUE DE L'ÉTAT

ET DE LA CAPACITÉ DES PERSONNES

AINSI QUE DE LA

MUTATION DE PROPRIÉTÉ DES BIENS

> Toutes les obligations que contractent
> les personnes ont pour but ou pour fin
> dernière une mutation de bien.

PARIS

IMPRIMERIE DE LA SOCIÉTÉ DE PUBLICATIONS PÉRIODIQUES

13, QUAI VOLTAIRE, 13

—

1881

UN MOT D'INTRODUCTION

A L'ÉTUDE PRATIQUE

DU

DROIT CIVIL FRANÇAIS

AU POINT DE VUE DE L'ÉTAT

ET DE LA CAPACITÉ DES PERSONNES

AINSI QUE DE LA

MUTATION DE PROPRIÉTÉ DES BIENS

ETAT ET CAPACITÉ DES PERSONNES

Un enfant qui entre dans la vie est inscrit, avec mention de son sexe, sur la déclaration de deux témoins, et sous la responsabilité de l'accoucheur, dans les bureaux de la mairie de la commune de son lieu de naissance *(V. une copie d'un acte de naissance)*.

S'il est né de père et mère unis par un mariage régulier, les noms de ses père et mère sont indiqués dans son acte de naissance.

S'il est né hors mariage, le nom du père et celui de la mère ne sont pas déclarés, à moins que l'un ou l'autre ne le veuille bien. L'enfant ne peut être tenu pour reconnu par l'un ou l'autre de ses père et mère qu'en vertu d'une déclaration expresse *(V. un acte de reconnaissance à la mairie ou devant notaire)*. Plus tard il peut être légitimé par mariage subséquent de ses père et mère, mais il faut que ceux-ci en expriment la volonté avant ou au moment de leur mariage *(V. une déclaration de cette nature à la mairie ou devant notaire)*. Toutefois, l'enfant adultérin ou incestueux ne peut être reconnu ni légitimé.

L'enfant naturel non reconnu ni légitimé n'a pas de famille. L'enfant reconnu n'a d'autre lien de famille que celui qui le rattache au père ou à la mère qui l'a reconnu. Cependant la jurisprudence de la cour de Cassation s'est fixée en ce sens qu'un enfant naturel peut, aussi bien que toute autre personne, être adopté, lorsqu'il se trouve dans les conditions fixées par la loi, comme règles absolues, entre l'adoptant et l'adopté, et lorsqu'il a rempli comme tout autre adopté les formalités et procédures nécessaires *(V. un dossier de procédure d'adoption en n'oubliant pas qu'à un moment de la procédure, et en vue du décès de l'adoptant, l'adoption peut être réalisée par testament).* Or, l'adopté entre, à l'égal d'un enfant légitime, dans la famille de l'adoptant.

L'enfant qui a ses père et mère au moment de sa naissance est sous la puissance paternelle.

Lorsqu'il vient à perdre l'un d'eux, il est sous la tutelle légale de celui de ses père et mère qui est survivant *(V. une nomination d'un subrogé-tuteur dans une délibération de conseil de famille).*

Lorsqu'il vient à perdre les deux, il est placé de plein droit sous la tutelle de l'un de ses ascendants mâles, avec ordre de préférence d'abord en faveur des ascendants paternels; s'il n'a point d'ascendant mâle, il est placé sous la tutelle de l'un de ses parents ou amis qui est à élire par son conseil de famille *(V. une délibération de conseil de famille nommant un tuteur dans l'une des deux lignes et un subrogé-tuteur dans l'autre).*

La majorité qui donne à l'enfant sa capacité complète pour tous les actes de la vie civile *(à l'exception du mariage)* est acquise à l'âge de 21 ans.

Pour le mariage, l'homme et la femme sont soumis à une majorité exceptionnelle qui commence, quant à la puberté, pour l'homme à 18 ans accomplis, et pour la femme à 15, mais qui est variable, quant à la capacité de contracter, à l'égard de chacun d'eux suivant ses conditions de famille, et qui même n'est jamais complète tant qu'ils ont leur père ou leur mère ou leurs aïeuls ou aïeules, car, avant un certain âge, ils ne peuvent se marier sans le consentement de ces parents, et, après cet âge, ils sont tenus envers eux à un ou plusieurs actes de déférence qu'on appelle actes respectueux, s'ils n'obtiennent pas de leur part un agrément exprès *(V. trois réquisitions et trois notifications d'acte respectueux).*

Avant 21 ans, à partir de 16 ans, l'enfant a de plein droit la faculté de disposer par testament d'une partie de sa fortune. Il peut par contrat de mariage disposer en faveur de son conjoint, comme un majeur pourrait le faire.

Également avant 21 ans, l'enfant peut être émancipé soit par son père, soit par sa mère restée veuve, soit par son conseil de famille, à partir d'un âge différent dans l'un ou l'autre cas *(V. une déclaration de cette nature de la part du père ou de la mère devant le juge de paix et une délibération du conseil de famille nommant un curateur à l'émancipation).*

Enfin le mineur est émancipé de plein droit par le mariage.

L'émancipation donne au mineur une capacité restreinte à l'administration de sa fortune. Il ne peut encaisser un capital sans être assisté de son curateur.

L'homme et la femme peuvent être déchus de la totalité ou de partie de leurs droits par l'effet d'une faillite, d'une condamnation judiciaire, d'une interdiction ou de la nomination d'un conseil judiciaire.

Mais, pour tester, l'un et l'autre ont ou recouvrent

une capacité aussi indépendante que complète, à moins qu'ils ne soient interdits.

Volontairement l'homme ne peut jamais aliéner sa capacité civile. Au contraire, la capacité de la femme qui se marie se trouve modifiée par le fait même de son mariage. Ce n'est qu'en adoptant la séparation de biens ou en se réservant spécialement certains biens que la femme peut conserver le droit de disposer personnellement durant le mariage, sans autorisation de son mari, d'une partie de sa fortune. La séparation judiciaire ne produit pas sous ce rapport d'autres effets que ceux d'une séparation de biens contractuelle.

En outre, la femme mariée peut, pour ses affaires personnelles, enchaîner la liberté de son mari en même temps que la sienne, dans des règles tracées par son contrat de mariage, lorsqu'elle adopte le régime dotal entièrement ou partiellement.

Et comme l'acte civil du mariage doit contenir la mention du contrat de mariage ou indiquer l'absence de contrat, il y a toujours lieu, pour celui qui traite avec une femme mariée, de demander la production de son acte de mariage et du contrat qui peut y être indiqué, seul opposable aux tiers.

Des biens déterminés peuvent être frappés d'une indisponibilité passagère, dans les mains de l'homme comme dans les mains de la femme, par l'effet de la volonté d'un testateur ou d'un donateur qui, en lui abandonnant, soit en toute propriété, soit en usufruit la totalité ou partie d'une fortune, peut, pour un temps, en interdire l'aliénation et en régler la jouissance ou l'emploi.

MUTATION DE PROPRIÉTÉ DES BIENS

Les biens que l'homme et la femme recueillent par succession, donation ou legs et ceux qu'ils acquièrent avec le produit de leur travail ne leur sont transmis que sous la charge d'un prélèvement au profit de l'État, que l'on appelle *droit de mutation* ou *droit d'enregistrement,* et dont l'importance est déterminée par des lois fiscales.

Toutefois, cette règle n'a pas toujours son application, lorsqu'il s'agit de meubles ou valeurs mobilières au porteur. *En fait de meubles, possession vaut titre,* dit un adage de droit. En effet, la transmission entre-vifs d'objets mobiliers peut n'être marquée par aucune trace et échapper ainsi à l'impôt. Spécialement quant aux valeurs au porteur, leur transmission, soit à titre onéreux, soit à titre gratuit de la main à la main, n'est soumise à aucun droit, d'après la loi, à moins que l'une ou l'autre des parties n'en produise une preuve écrite. On ne peut qualifier d'impôt de mutation la taxe annuelle et obligatoire de *vingt centimes pour cent francs* qui est perçue sur les valeurs au porteur, abstraction faite de toute mutation. Lors de la transmission de ces valeurs par décès, la loi les soumet à un droit de mutation, mais ce n'est généralement que sous l'impulsion d'un devoir de conscience que l'héritier ou le légataire peut être tenu de les comprendre dans la déclaration détaillée à faire de biens mobiliers au receveur de l'enregistrement du canton du lieu de décès.

Les titres nominatifs subissent au contraire l'obligation absolue d'un payement d'impôt à l'État pour toutes les mutations, soit gratuites, soit à titre onéreux, parce que le changement de nom sur le titre se trouve un fait matériel qui est saisissable.

MUTATION PAR DÉCÈS

Les mutations par décès dépendent des liens du sang dont la portée héréditaire est déterminée par la loi, ou de volontés testamentaires exprimées en une forme et dans des cas autorisés par la loi.

Lorsque la transmission par décès s'opère suivant le degré de proximité du sang, elle s'accomplit instantanément : *le mort saisit le vif.*

Pour être héritier, il suffit de se porter héritier et de manifester son droit en l'appuyant d'une pièce justificative. Cette pièce est, à défaut d'inventaire, un acte de notoriété que signent, devant un notaire, deux témoins pour attester qu'ils ont connu le défunt et qu'il laisse pour héritier celui qui se présente *(V. un acte de notoriété).*

Ou bien, il faut que la qualité d'héritier soit établie par l'intitulé de l'inventaire de l'actif et du passif de la succession, inventaire qui est à dresser par notaire à la requête du parent ou des parents qui se présentent en qualité d'héritiers *(V. un inventaire).*

Cet inventaire n'est point un acte qui engage les parents du défunt à appréhender sa succession et à continuer le défunt activement et passivement. Ce n'est qu'un acte préparatoire et conservatoire pour éclairer les héritiers sur la situation de la succession et pour les conduire à faire, en connaissance de cause, soit acte d'héritier pur et simple, soit une acceptation sous bénéfice d'inventaire, soit même une renonciation dont la conséquence est d'appeler le degré suivant à remplacer le degré qui s'efface, sauf à ce nouveau degré à renoncer lui-même et ainsi de suite jusqu'au 12ᵉ degré, et, en cas de mariage, jusqu'au conjoint survivant, dernier terme du droit successoral, après lequel la succession se trouve vacante et dévolue à l'État.

La transmission par décès en conséquence de dispositions testamentaires est totale ou partielle. Dans l'un et l'autre cas, elle dépend de la régularité de la forme adoptée par le testateur pour la manifestation de ses dernières volontés.

Le legs universel contenu dans un testament notarié reçoit son exécution sans avoir besoin d'être complété par une ordonnance d'envoi en possession, lorsqu'il n'y a pas d'héritier à réserve.

Au contraire, le testament olographe qui contient un legs universel ne peut être exécuté sans que le président du Tribunal civil du domicile du défunt ait prononcé l'envoi en possession au profit du légataire universel, sur la communication : 1° d'une expédition du testament, 2° et d'un acte de notoriété établissant que le défunt n'a pas laissé d'héritiers à réserve *(V. une ordonnance d'envoi en possession)*.

Les héritiers à réserve sont les descendants légitimes ou certains ascendants du défunt. Leur existence suspend la délivrance de tout legs.

L'enfant naturel reconnu n'est pas héritier, il a un droit *sui generis* sur la succession.

Les héritiers réservataires sont saisis de la succession d'une façon encore plus intime que les autres héritiers du sang, et c'est à eux que les légataires à titre universel ou à titre particulier doivent s'adresser pour obtenir la délivrance de leurs legs *(V. un acte de délivrance de legs)*.

Lorsqu'il n'y a pas d'héritiers à réserve, le légataire universel recueille l'ensemble de la succession, et c'est à lui que les légataires à titre particulier et les légataires à titre universel doivent demander cette délivrance.

Évidemment, lorsqu'il y a plusieurs héritiers comme lorsqu'il y a plusieurs légataires universels, il y a lieu de faire un partage entre eux, bien que, d'après la loi, chacun ait droit à une quote-part dans chaque objet correspondante à sa quotité dans le total; mais l'actif dont chacun disposerait suivant sa quote-part doit subir des prélèvements pour payer le passif, ou pour balancer des rapports dus à la masse par l'une des parties, et il n'advient jamais que les héritiers ou légataires universels prennent chacun sa quote-part dans chaque objet. On pourrait partager l'actif sans partager ou régler le payement du passif. Dans des termes absolus, la loi autorise ce mode de procéder, parce qu'elle règle la charge de chacun dans le passif suivant sa quote-part dans l'actif, sans solidarité entre les héritiers et légataires universels; mais, en fait, ce principe n'est point applicable par diverses considérations, notamment parce que l'existence de dettes hypothécaires peut entraîner l'héritier ou le légataire attributaire d'un immeuble hypothéqué à payer la totalité de la dette *(V. un acte de partage)*.

A côté des héritiers et des légataires universels, un testateur peut nommer un exécuteur testamentaire avec ou sans saisine, lequel reste libre d'accepter ou de refuser cette fonction. La saisine de l'exécuteur testamentaire ne peut dépasser un an et un jour. Elle est d'une nature particulière, car elle n'empêche pas les héritiers ou légataires universels d'être saisis ou envoyés en possession de la succession. La capacité de l'exécuteur testamentaire restreinte soit par la loi, soit par la volonté du testateur, ne s'étend pas au delà de la possession et administration de la totalité ou de partie des biens mobiliers de la succession et de l'encaissement des revenus des immeubles, parce que ces revenus deviennent eux-mêmes, à leur échéance, du mobilier. Elle ne donne le droit de provoquer la vente des immeubles et d'en employer le prix que par l'effet d'une disposition expresse du testament et en l'absence d'héritiers à réserve.

MUTATION ENTRE VIVANTS

Les transmissions entre vifs à titre gratuit ou à titre onéreux doivent être complètes en leur forme durant la vie des personnes qui opèrent la mutation.

Lorsque deux personnes sont en présence pour contracter entre elles, il faut tout d'abord constater si elles ont respectivement la capacité de contracter l'une à l'égard de l'autre ; et, si elles se font représenter par mandataire, il faut examiner en plus si le mandat est régulier en la forme et au fond.

Ce n'est pas qu'un engagement stipulé entre un capable et un incapable soit nul. Mais il est possible que l'incapable se fasse relever de son engagement ou qu'il soit autorisé judiciairement à ne l'exécuter que dans la mesure de son intérêt.

Personne, du reste, ne peut se faire justice à soi-même, et la nullité ou la rescision invoquée par l'une des parties contre l'autre doit toujours être soumise aux tribunaux qui seuls peuvent la prononcer.

L'objet du contrat est ensuite à apprécier. — Est-il licite ? et spécialement est-il permis entre les parties présentes ?

Enfin, la convention ne peut toujours rester verbale, il faut généralement qu'elle soit écrite, soit pour qu'il y ait une preuve de son existence, soit parce que, à raison de sa nature spéciale, elle ne peut exister qu'autant qu'elle est écrite.

La convention restée orale est essentiellement livrée aux incertitudes de la mémoire et de la bonne foi.

Les conventions écrites sont subordonnées, pour leur exacte interprétation, aux termes corrects et à la science juridique de leur rédacteur, et, pour leur prompte exécution, à la forme adoptée par les parties.

Les termes employés importent grandement à la constitution du contrat et à ses effets, bien qu'en France aucune expression ne soit sacramentelle.

Mais chaque contrat a légalement des éléments essentiels qui le caractérisent, et il faut connaître les conditions élémentaires de chaque contrat pour ne pas les négliger dans la rédaction de la convention.

Il faut aussi, par une impressionnabilité du sens juridique, distinguer les stipulations qui peuvent se trouver contradictoires, pour ne pas réunir en une même convention des éléments qui se combattent ou s'annihilent.

Le rédacteur est tenu de commencer par se pénétrer de la pensée des parties, de leur esprit, de leur but; puis, il donne à la convention sa forme, prouvant, après Boileau, que *ce que l'on comprend bien s'énonce clairement et* que *les mots pour le dire arrivent aisément.*

La forme des conventions peut être un acte sous seings privés, lorsque la loi n'en impose pas une autre dans un intérêt d'ordre public. — Seulement, les signatures apposées sur un acte sous seings privés ne font pas foi par elles-mêmes, et elles peuvent être non reconnues ou déniées par celle des parties contre laquelle il y a lieu d'en poursuivre l'exécution, — ce qui oblige à obtenir un jugement valant reconnaissance d'écriture, et ce qui est généralement aussi préjudiciable par perte de temps que nuisible par dépense de frais.

Un acte notarié peut être revêtu de la formule exécutoire, et alors les officiers de la force publique sont tenus d'y prêter main-forte comme à l'exécution d'un jugement. — Ce mode rapide n'est pas indifférent lorsqu'il s'agit pour une personne de rentrer promptement dans la jouissance ou dans la propriété d'un bien dont un détenteur abuse sans en payer le loyer ou le prix.

Nous renvoyons aux codes et aux lois qui régissent les conventions des parties et les mutations de propriété qui sont la fin dernière de toute convention *(Voir des Cadres de formules imprimées de tous les actes de notaires).*

Nous avons seulement à ajouter que toutes les parties qui se sont liées entre elles par une convention qu'autorisent les lois du pays ont, par ce fait même, créé une autre loi spéciale pour elles, à laquelle elles sont tenues de se conformer. C'est ainsi que, dans les mutations de parts sociales, chacun des associés doit se soumettre aux formalités imposées par les Statuts sociaux pour le transport de ces parts *(Voir notamment les feuilles de transfert que font signer les Compagnies de chemins de fer).* Tout transfert qui ne serait pas conforme à ces Statuts en même temps qu'aux lois générales du pays serait nul.

Les notaires de Paris traduisent avec force et avec exactitude ce principe de droit dans cet aphorisme : *Lex est quodcumque notamus.*

PARIS. — IMP. P. MOUILLOT. — 28030